Cómo encontrar

Los mejores clientes en Internet

resumen

Introducción

Encontrar los clientes más valiosos en Internet puede parecer algo fuera de este mundo…

¡pero no es!

Cuando comprendes los mecanismos correctos, el enfoque sutil y cómo son tus rutinas, el cliente aparece como si estuvieras la **única solución para él**.

Todo está ligado a tu comunicación, tu entrega y cuánto valor generas.

Comprenda quién es su perfil de cliente ideal y comprenda sus necesidades y expectativas, para poder ofrecer soluciones eficientes y ganarse la confianza de los consumidores más valiosos del mercado.

Y es precisamente con la intención de ayudarte en esta búsqueda que creé este material, para que puedas ganar la confianza necesaria para acercarte a los clientes de tus sueños.

Con la información y estrategias de este material podrás destacarte en el mercado y alcanzar el éxito que siempre has soñado. Entonces, ¡prepárate para explorar todo el potencial de tu negocio y ganar los mejores clientes!

Identificando al cliente ideal

Identificar el perfil del cliente ideal es fundamental para cualquier negocio que busque ofrecer soluciones eficientes y alcanzar el éxito en sus estrategias de ventas.

Es necesario comprender las necesidades y expectativas del público objetivo para poder satisfacer las demandas satisfactoriamente y fidelizar al consumidor.

Para comenzar a identificar el perfil de cliente ideal, es importante definir el nicho de mercado en el que opera el negocio.

En base a esto, es posible analizar el comportamiento del consumidor, sus características, deseos y preferencias, así como las principales tendencias y oportunidades del sector.

Otro aspecto relevante es la recopilación de datos e información a través de encuestas, cuestionarios, entrevistas y análisis de datos. Estas herramientas permiten identificar patrones y comportamientos de los consumidores, además de comprender qué esperan de un producto o servicio.

Conociendo el perfil del cliente ideal, resulta más fácil desarrollar estrategias de marketing, comunicación y ventas dirigidas que satisfagan las necesidades y expectativas de los consumidores de forma asertiva y eficiente.

Además, es posible mejorar los productos o servicios ofrecidos, añadiendo valor y destacándose de la competencia.

Otro punto importante es mantener una relación cercana con los clientes, escuchar sus sugerencias y críticas y buscar constantemente mejorar la experiencia del consumidor con la marca. Esto ayuda a generar lealtad del público y crear un círculo virtuoso de referencias y recomendaciones.

Usando preguntas psicográficas

para encontrar el cliente ideal

Las preguntas psicográficas buscan comprender el comportamiento, los rasgos de personalidad, los valores y los intereses de un individuo.

Ayudan a construir un perfil más completo del público objetivo de un producto o servicio, yendo más allá de las características demográficas, como la edad, el sexo y la ubicación geográfica.

Las preguntas psicográficas exploran las motivaciones, deseos y necesidades del público objetivo, permitiendo a la empresa desarrollar una estrategia más eficiente para comunicarse con él y ofrecerle soluciones que satisfagan sus expectativas.

Estas preguntas se pueden formular en estudios de mercado, entrevistas, cuestionarios y otros tipos de acercamientos directos al público objetivo. Es importante que sean preguntas abiertas, que permitan al encuestado dar respuestas más completas y honestas, sin limitarlas a opciones predefinidas.

Las preguntas psicográficas son una herramienta valiosa para comprender el comportamiento del público objetivo y definir al cliente ideal, permitiendo a la empresa desarrollar estrategias más eficientes para conquistar y retener a sus clientes.

30 preguntas psicográficas para entender a tu público objetivo

Mira ahora, 30 ejemplos de preguntas psicográficas que pueden ayudarte a comprender mejor el perfil de tu cliente ideal:

¿Cuál es tu visión del mundo?

¿Cuáles son tus valores personales?

¿Cuál es tu propósito de vida?

¿Cuáles son tus creencias más fuertes?

¿Cómo te defines a ti mismo?

¿Cómo te ves a ti mismo en relación con los demás?

¿Cuáles son sus pasatiempos e intereses?

¿Cómo te relacionas con la tecnología?

¿Cómo se consume información?

¿Cómo tomas decisiones?

¿Cuál es tu nivel de autoconocimiento?

¿Cómo manejas tus emociones?

¿Cómo te relacionas con familiares y amigos?

¿Cómo lidias con la presión y el estrés?

¿Cómo te sientes con tu trabajo?

¿Qué opinas del dinero?

¿Cómo te sientes acerca de la salud?

¿Cómo te sientes acerca de la felicidad?

¿Cómo te sientes acerca de la espiritualidad?

¿Cómo te sientes acerca del amor?

¿Cómo te sientes acerca de la educación?

¿Cómo te sientes acerca de la cultura?

¿Qué opinas de la política?

¿Qué opinas de la religión?

¿Qué opinas de la justicia?

¿Cómo te sientes acerca de la libertad?

¿Cómo te sientes respecto del medio ambiente?

¿Qué opinas de la tecnología?

¿Qué opinas de la moda?

¿Cómo te sientes acerca de la comida?

Estas preguntas pueden ayudarle a comprender mejor los intereses, deseos, valores y creencias de su público objetivo, lo cual es esencial para crear una estrategia de marketing eficaz.

Recuerda que no todas las preguntas son relevantes para todo tipo de negocio y que es importante adaptarlas según tu segmento y objetivo.

Cómo encontrar los mejores clientes

En Internet

Encontrar clientes potenciales en Internet puede ser una tarea desafiante, pero existen varias formas de identificar y atraer compradores potenciales.

Algunas de las principales estrategias son:

Publicitar en redes sociales, como Facebook, Instagram y LinkedIn;

Utilice palabras clave estratégicas en su sitio web y blog para aumentar la visibilidad en los motores de búsqueda;

Participar en grupos de discusión en redes sociales relacionados con su nicho de mercado;

Produce contenido relevante y compártelo en tus redes sociales y blog;

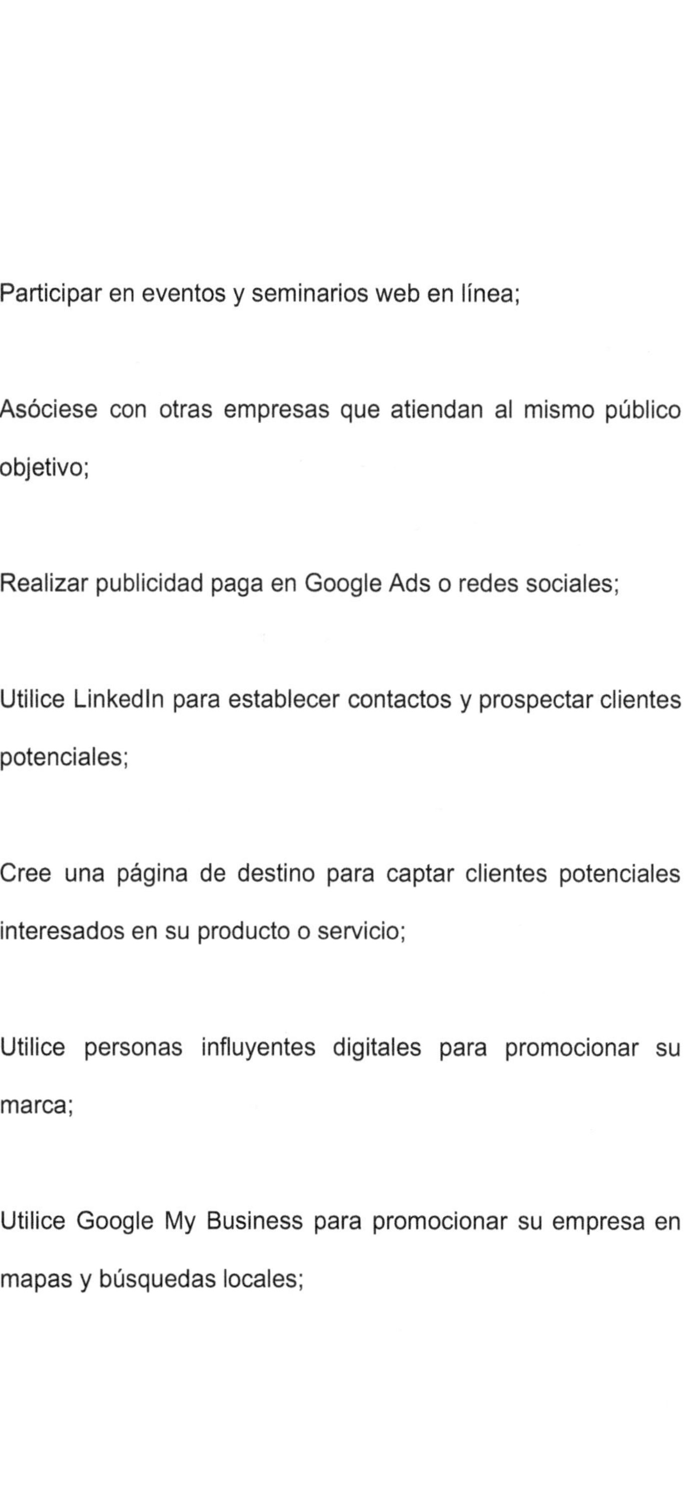

Participar en eventos y seminarios web en línea;

Asóciese con otras empresas que atiendan al mismo público objetivo;

Realizar publicidad paga en Google Ads o redes sociales;

Utilice LinkedIn para establecer contactos y prospectar clientes potenciales;

Cree una página de destino para captar clientes potenciales interesados en su producto o servicio;

Utilice personas influyentes digitales para promocionar su marca;

Utilice Google My Business para promocionar su empresa en mapas y búsquedas locales;

Asóciese con blogs y sitios web relacionados con su nicho de mercado;

Utilice herramientas de automatización de marketing para generar clientes potenciales;

Utilice Google Analytics para monitorear el tráfico en su sitio web e identificar oportunidades de mejora;

Utilice vídeos para presentar su producto o servicio;

Utilice Pinterest para promocionar su producto o servicio a través de imágenes;

Participe en foros en línea relacionados con su nicho de mercado;

Realizar anuncios en podcasts relacionados con su nicho de mercado;

Utilice TikTok para promocionar su producto o servicio a través de videos cortos y creativos.

Las redes sociales se han convertido en una poderosa herramienta para conectar personas y empresas de todo el mundo. En cada uno de ellos es posible encontrar una amplia variedad de perfiles e intereses, lo que permite descubrir expertos y clientes potenciales de una forma eficaz y creativa.

Al navegar por las redes sociales, es posible encontrar grupos y comunidades de personas que comparten los mismos intereses y objetivos. De esta manera, puedes conectarte con personas que tienen necesidades y deseos similares a los que ofrece tu negocio, creando una base de clientes potenciales que pueden verse impactados por las soluciones que ofreces.

Además, las redes sociales también ofrecen una variedad de herramientas que permiten la segmentación y análisis de perfiles, posibilitando encontrar expertos y clientes potenciales según sus intereses y comportamientos online.

Con esto, es posible crear enfoques más personalizados y específicos, aumentando las posibilidades de éxito en la conversión de estos contactos en clientes reales.

Pero para que esto suceda hay que estar siempre atento y buscar constantemente nuevas conexiones.

Las redes sociales ofrecen muchas oportunidades para encontrar expertos y clientes potenciales y conectarse con ellos, pero es necesario invertir tiempo y energía en esta búsqueda para obtener los resultados que desea.

Por lo tanto, si buscas encontrar el cliente de tus sueños, las redes sociales son una excelente opción. Invierte en investigación, busca conectar con personas y empresas relevantes en tu nicho, participa en grupos y comunidades, haz preguntas y ofrece soluciones personalizadas. Con dedicación y estrategia es posible encontrar a los clientes ideales y transformarlos en grandes socios de negocios.

Instagram + 2 mil millones de usuarios activos

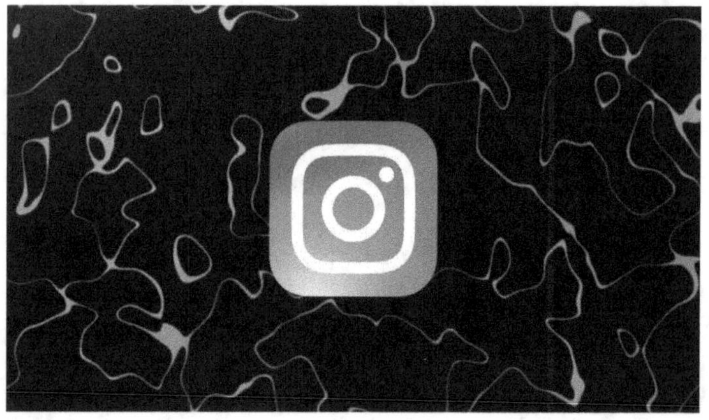

Instagram es una de las redes sociales más utilizadas en el mundo y es una gran plataforma para quienes quieren realizar estudios de mercado y encontrar clientes potenciales.

Vea una guía paso a paso sobre cómo buscar en Instagram usando hashtags y explore:

Defina sus términos de búsqueda: comience definiendo los términos que desea buscar, como palabras clave relacionadas con su nicho de mercado o industria.

Accede a la pestaña de búsqueda: toca el ícono de la lupa en la esquina inferior de la pantalla para acceder a la pestaña de búsqueda de Instagram.

Selecciona la opción "etiquetas": dentro de la pestaña de búsqueda, selecciona la opción "etiquetas" e ingresa las palabras clave que deseas buscar.

Explora otras opciones: además de los hashtags, puedes explorar otras opciones en la pestaña de búsqueda, como la pestaña "explorar".

En esta opción, Instagram muestra sugerencias de publicaciones, perfiles y hashtags en función de tus intereses y comportamientos en la red social.

Analiza los resultados: Después de realizar la búsqueda, analiza los resultados y explora las publicaciones, perfiles y hashtags relacionados con tus términos de búsqueda.

Busca identificar clientes potenciales y expertos en el tema, e interactúa con ellos a través de comentarios, me gusta y mensajes directos.

Utilice herramientas de análisis: para mejorar sus búsquedas, puede utilizar herramientas de análisis de hashtags y perfiles, que le permiten identificar métricas de usuario y comportamientos relacionados con sus términos de búsqueda.

Siguiendo estos pasos podrás realizar búsquedas eficientes en Instagram y encontrar clientes potenciales y expertos en el tema. Recuerda interactuar de forma genuina y personalizada, ofreciendo soluciones relevantes a las necesidades de tus contactos.

Usar hashtags a tu favor

Los hashtags son una herramienta importante en Instagram para encontrar nuevos clientes y conectarse con personas interesadas en su producto o servicio. Al utilizar los hashtags correctos, puedes aumentar la visibilidad de tu perfil y llegar a una audiencia más amplia.

Para utilizar hashtags en Instagram para encontrar clientes, siga estos pasos:

Identifique hashtags relevantes: investigue qué hashtags se utilizan más en su nicho de mercado. Esto puede incluir hashtags relacionados con su área de especialización, su producto o servicio, o incluso los intereses de su público objetivo.

Agregue hashtags a su publicación: al crear una publicación en Instagram, agregue hashtags relevantes en el título o los comentarios.

Es importante no exagerar la cantidad de hashtags utilizados, ya que esto puede perjudicar la calidad de tu publicación.

Busque hashtags relevantes: utilice hashtags relevantes para encontrar clientes potenciales.

Investigue los hashtags con los que normalmente interactúa su público objetivo y únase a las conversaciones que tienen lugar sobre esos hashtags.

Siga a los usuarios que usan estos hashtags: cuando encuentre usuarios interesantes que usen los hashtags relevantes, sígalos para construir una relación y hacerse visible para ellos.

Interactúe con los usuarios que usan estos hashtags: comente y dé me gusta a las publicaciones de los usuarios que usan los hashtags relevantes.

Esta interacción puede generar nuevas oportunidades de negocio y aumentar la visibilidad de tu perfil.

Al utilizar hashtags en Instagram estratégicamente, puede aumentar la visibilidad de su perfil, encontrar nuevos clientes potenciales y hacer crecer su negocio de manera eficiente.

Por ejemplo, un terapeuta puede utilizar hashtags en Instagram para encontrar clientes potenciales que estén interesados en sus servicios y aumentar la visibilidad de su perfil.

Algunos ejemplos de cómo un terapeuta puede utilizar los hashtags correctamente incluyen:

#terapiaconductual, #terapiafamiliar, #psicologíaclínica, entre otras. También puede utilizar hashtags relacionados con los problemas que enfrenta, como #ansiedad, #depresión, #relaciones, entre otros.

Recuerde, es importante utilizar hashtags relevantes e interactuar con los usuarios que los usan para obtener los mejores resultados.

Cómo acercarse a las personas en Internet

Acercarse a personas que no conoce en Internet puede ser un desafío, especialmente si busca realizar ventas o establecer asociaciones comerciales. Sin embargo, existen algunas prácticas que pueden ayudarle a acercarse a estas personas de manera eficiente y respetuosa.

Una de las primeras cosas que puede hacer es investigar a la persona a la que desea acercarse.

Busca información en redes sociales, sitios web y blogs, e intenta entender cuáles son sus intereses y objetivos. De esta manera, podrás adaptar tu enfoque y crear una conexión más asertiva.

Otra estrategia es buscar establecer una relación de confianza antes de acercarse directamente a la persona con una oferta comercial. Esto se puede hacer a través de comentarios en publicaciones, compartiendo contenido relevante y participando en grupos de intereses comunes.

Al acercarse directamente a la persona, es importante ser respetuoso y claro acerca de su objetivo. Sea cortés y evite ser invasivo o agresivo en la comunicación. También es importante que la oferta que presente sea relevante para la persona y no solo un intento de vender a cualquier precio.

Es importante recordar que no todo el mundo estará dispuesto a recibir un acercamiento comercial en Internet. Respete el derecho de la persona a no estar interesado y no la presione para que cambie de opinión. El enfoque debe basarse siempre en una relación de respeto e interés mutuo.

Hacer preguntas para comprender los objetivos personales y profesionales de una persona puede ser una estrategia eficaz para crear un enfoque más asertivo y ofrecer soluciones relevantes a sus necesidades.

A continuación, te mostraré algunas preguntas que pueden ayudar en este proceso:

¿Cuáles son tus principales objetivos personales y profesionales en este momento?

¿Qué espera lograr en el corto y largo plazo?

¿Cuáles son las principales dificultades a las que te enfrentas en tu vida personal o profesional?

¿Cómo defines el éxito en tu vida personal y profesional?

¿Qué crees que necesitas desarrollar o mejorar para lograr tus objetivos?

¿Cómo afrontas los cambios?

¿Cuáles son tus principales intereses y pasatiempos?

¿Qué busca en un socio comercial o en una empresa para la que trabaja?

Cuando la persona responda estas preguntas, tendrá algunas ideas para desarrollar la conversación y crear una conexión sólida con ese cliente.

Cómo acercarse a los profesionales en Linkedin

Tener un guion de acercamiento en LinkedIn es una excelente manera de comunicarse con otros profesionales e iniciar conversaciones de manera más eficiente y asertiva. Sin embargo, es importante recordar que el guión debe servir como guía, no como fórmula.inflexible.

Cada persona es única y debes adaptar tu enfoque según la situación y la persona con la que te comunicas. Además, es importante personalizar el mensaje y mostrar interés genuino por el perfil del contacto.

Por lo tanto, es importante tener un guión de enfoque bien estructurado como punto de partida, pero estar siempre abierto a adaptaciones y variaciones al comunicarse en LinkedIn. De esta forma podrás crear conexiones más auténticas y duraderas en la red social.

Vea algunos modelos a continuación que son muy asertivos en su enfoque.

Hola [nombre de la persona],

Vi que trabajas en el área [nombre del área] y me interesó mucho tu trayectoria y experiencia en esta área. Me gustaría conectarme con usted e intercambiar algunas ideas sobre las tendencias y desafíos en este mercado.

Además, me gustaría saber más sobre su trabajo actual y si tiene algún consejo para alguien que recién comienza en este campo.

Creo que podemos intercambiar mucha información valiosa y quién sabe, incluso colaborar en un proyecto en el futuro.

Espero su respuesta y agradezco de antemano su atención.

Tuyo sinceramente,

[Su nombre]

Hola [nombre de la persona],

Me gustó mucho tu perfil y tus experiencias profesionales. Me di cuenta de que tenemos algunas cosas en común y creo que podríamos hablar sobre algunas ideas que tengo en mente.

Busco personas con visión innovadora y creativa, y creo que pueden tener la visión que necesito para desarrollar nuevos proyectos.

Me gustaría saber si estás abierto a hablar más sobre tus experiencias y objetivos profesionales, y de ser posible podríamos agendar un café virtual para intercambiar ideas.

Espero su respuesta y agradezco de antemano su atención.

Tuyo sinceramente,

[Su nombre]

Hola [nombre de la persona],

Estaba navegando por LinkedIn y terminé encontrando tu perfil. Me impresionó su experiencia y los resultados obtenidos, especialmente en el área de [nombre del área].

Trabajo con [su área de especialización] y creo que podríamos intercambiar información valiosa e incluso encontrar cierta sinergia entre nuestras áreas de especialización.

Me gustaría saber si estás disponible para una charla rápida para poder conocer más sobre tus experiencias y proyectos actuales.

Espero su respuesta y agradezco de antemano su atención.

Tuyo sinceramente,

[Su nombre]

Cómo encontrar clientes en YouTube

YouTube es una plataforma para compartir vídeos que puede ser una excelente herramienta para encontrar clientes potenciales. Para encontrar a sus clientes ideales en YouTube, siga los pasos a continuación:

Identifique su público objetivo: antes de comenzar a buscar clientes en YouTube, es importante tener una idea clara de su público objetivo. Por ejemplo, si es un asesor empresarial, su público objetivo podrían ser empresarios y propietarios de empresas.

Busque canales relevantes: realice una búsqueda en YouTube de canales que sean relevantes para su público objetivo. Por ejemplo, si eres coach de negocios, busca canales relacionados con negocios y emprendimiento.

Interactuar con los usuarios: vea videos del canal e interactúe con los usuarios a través de comentarios. Responde preguntas, ofrece tu opinión y muestra interés por sus problemas e inquietudes.

Crea tu propio canal: crea tu propio canal de YouTube y produce contenido relevante para tu público objetivo. Asegúrese de incluir palabras clave relevantes en los títulos y descripciones de sus videos.

Utilice anuncios de YouTube: YouTube ofrece anuncios para ayudarlo a promocionar sus videos y llegar a una audiencia más amplia. Puede utilizar anuncios dirigidos para llegar a una audiencia específica según su edad, ubicación e intereses.

Cree un llamado a la acción: en sus videos, anime a los espectadores a suscribirse a su canal, visitar su sitio web o comunicarse con usted para obtener más información.

Si sigue estos pasos, podrá utilizar YouTube para encontrar clientes potenciales y promocionar su negocio de manera eficiente.

Recuerde, es importante proporcionar contenido valioso y relevante a su público objetivo e interactuar con los usuarios para establecer una relación y generar confianza.

Cómo prospectar empresas en Google

Existen varias formas eficaces de prospectar empresas en Google y abordarlas correctamente.

Investigación de palabras clave: utilice palabras clave relevantes para su negocio y busque empresas que podrían beneficiarse de sus servicios.

Directorios de empresas: hay varios directorios de empresas disponibles en Internet. Utilice estas listas para encontrar empresas que cumplan con su perfil de cliente ideal.

Redes sociales: muchas empresas tienen una presencia activa en las redes sociales. Utilice LinkedIn, Facebook y otras redes para encontrar empresas y conectarse con personas clave dentro de ellas.

Anuncios: cree anuncios en Google Ads dirigidos a empresas que podrían beneficiarse de sus servicios. Asegúrese de que su anuncio sea relevante y atractivo para su público objetivo.

Participación en eventos: Participa en eventos relacionados con tu nicho de mercado. Estos eventos son grandes oportunidades para conocer otras empresas y personas clave dentro de ellas.

Al acercarse a las empresas, asegúrese de tener un mensaje personalizado y relevante para cada una. Demuestre que comprende las necesidades específicas de la empresa y cómo sus servicios pueden ayudarla a alcanzar sus objetivos. Recuerda que el objetivo es construir una relación duradera con la empresa, así que mantente enfocado en el valor que puedes ofrecerles.

Errores que te impiden encontrar a tus clientes ideales

Hay varios errores que pueden alejar a una empresa de sus clientes, pero a continuación se detallan los errores más comunes que deben evitarse:

Falta de comunicación: La falta de comunicación es uno de los errores más comunes que mantiene a una empresa alejada de sus clientes. Si no te comunicas clara y frecuentemente con tus clientes, ellos pueden sentirse ignorados y buscar otras opciones en el mercado.

Falta de atención a las necesidades: Otro error común es no prestar atención a las necesidades del cliente. Si no ofrece productos o servicios que satisfagan las necesidades de sus clientes, es posible que busquen otras opciones en el mercado.

Falta de servicio de calidad: Un servicio de calidad es esencial para mantener a los clientes satisfechos y leales a su negocio.

Si no ofrece un servicio de calidad, los clientes pueden sentirse infravalorados.

Falta de innovación: La falta de innovación puede hacer que sus productos o servicios queden obsoletos o desactualizados en comparación con la competencia. Es importante mantenerse actualizado con las tendencias del mercado e invertir en nuevas tecnologías e ideas para ofrecer soluciones innovadoras a sus clientes.

Falta de compromiso: Es importante mostrar compromiso con sus clientes ofreciendo soporte y asistencia adecuada cuando sea necesario y garantizando la satisfacción del cliente en todos los aspectos.

La importancia del seguimiento en la prospección

El seguimiento es una de las partes más importantes del proceso de prospección. A menudo, las personas a las que se dirige no están preparadas para tomar una decisión inmediata, ya sea por falta de tiempo o de recursos. Sin embargo, eso no significa que no estén interesados en su oferta. Es por esto que es fundamental realizar un seguimiento adecuado para asegurar que se mantiene la relación con el cliente potencial y eventualmente se puede cerrar el trato.

Pero ¿qué es el seguimiento?

El seguimiento es la acción de mantenerse en contacto con un cliente potencial después de la primera interacción. Esta interacción pudo haber ocurrido a través de una llamada telefónica, un correo electrónico, un mensaje en redes sociales o cualquier otro medio de comunicación. El objetivo del seguimiento es mantener al cliente potencial interesado en su oferta y, finalmente, realizar una venta.

Esta estrategia es importante porque la mayoría de las personas no cierran tratos de inmediato. De hecho, la mayoría de los acuerdos se cierran después de varias interacciones. Esto se debe a que las personas suelen necesitar tiempo para pensar y analizar sus opciones antes de tomar una decisión.

Al realizar un seguimiento, le recuerda al cliente potencial su oferta y le demuestra su interés en ayudarlo. Esto ayuda a generar confianza y credibilidad, lo cual es esencial para realizar una venta.

Además, el seguimiento ayuda a garantizar que no pierda oportunidades comerciales. A veces, un cliente potencial puede estar interesado en su oferta pero puede haber olvidado responder o puede haber sido interrumpido por otras obligaciones. Al realizar un seguimiento, permanecerá frente al cliente potencial y se asegurará de que no se olvide de usted.

Método 30D

El Método de Prospección 30D es una estrategia que consiste en acercarse al menos a 10 personas diarias durante 30 días, mostrando interés en ayudarlas con tus servicios o soluciones. La idea detrás de este método es crear un hábito de prospección consistente y sistemático, que dará resultados positivos a largo plazo.

El primer paso para implementar el Método 30D es definir claramente tu público objetivo y cuáles son tus objetivos de prospección. Con esta información en mente, puede identificar a las personas que son clientes potenciales y dirigirse a ellos con un mensaje personalizado y dirigido.

Durante los primeros días del método, puedes encontrar cierta resistencia o incluso rechazo. Sin embargo, es importante no desanimarse y seguir concentrándose en su objetivo de acercarse a una persona por día. Con el tiempo, desarrollará habilidades de comunicación y persuasión que le ayudarán a ser más eficaz en la prospección.

Durante los 30 días, es importante mantener un registro de todos los acercamientos que se realizaron, así como de todas las conversaciones que se iniciaron. Esto le permitirá evaluar qué funciona y qué no, y realizar ajustes en su enfoque en función de los resultados que obtenga.

Finalmente, es importante recordar que el Método de Prospección 30D es una estrategia a largo plazo, que requiere consistencia y perseverancia. Aunque los resultados pueden no ser inmediatos, si mantienes disciplina y determinación, los resultados definitivamente llegarán. No hay forma de resistirse a un acercamiento sincero y al interés en ayudar, especialmente cuando la oferta se dirige a las necesidades específicas del cliente potencial.

Por lo tanto, si desea aumentar su tasa de conversión y garantizar un flujo constante de nuevos negocios, el Método de Prospección 30D es la estrategia adecuada para usted. Recuerde que el éxito en la prospección depende principalmente de la constancia y la perseverancia, ¡así que manténgase enfocado y siga avanzando!

Embudo de relaciones con mensajes de redes sociales

Vale recordar que este embudo es solo una sugerencia y puede adaptarse según las necesidades de tu negocio.

Primer contacto: En esta etapa se debe buscar establecer una conexión con el potencial cliente.

Una buena forma de iniciar esta conversación es con un mensaje breve y personalizado, mencionando un punto en común que tengas.

Por ejemplo: "Hola, me di cuenta de que tú también eres fanático de *tedx*! ¿Cuál es tu favorito?"

Desglosando objeciones: Es común que los clientes potenciales tengan algunas objeciones antes de cerrar un trato.

En esta etapa, debe anticipar estas objeciones y trabajar para minimizarlas. Una forma de hacerlo es a través de mensajes que refuercen los beneficios de su producto/servicio y respondan a posibles preguntas de los clientes.

Por ejemplo: "Entiendo que puedas tener algunas dudas sobre la efectividad de nuestro producto, pero ten en cuenta que ya ha sido probado y aprobado por muchos clientes satisfechos".

Prueba social: aquí debes utilizar mensajes que muestren el éxito y la satisfacción de otros clientes. Esto se puede hacer a través de testimonios, historias de éxito o incluso mediante referencias de antiguos clientes. Por ejemplo: "Vea lo que algunos de nuestros clientes dicen sobre nuestra empresa..."

Oferta: En esta etapa debes presentar una oferta irresistible al cliente, que lo anime a cerrar el trato.

Una forma de hacerlo es a través de mensajes que resalten el valor que recibirá el cliente al adquirir su producto/servicio.

Por ejemplo: "¡No pierdas la oportunidad de lograr tus objetivos con nuestro producto! Ahora, por tiempo limitado, ofrecemos un descuento especial para nuevos clientes".

Cierre: Aquí se deben utilizar mensajes que animen al cliente potencial a tomar una decisión y cerrar el trato. Es importante recordar que, incluso en esta etapa, se debe mantener un trato respetuoso y personalizado, teniendo en cuenta las necesidades y preferencias del cliente.

Por ejemplo: "Estoy aquí para ayudarte con cualquier duda o inquietud que te pueda surgir. ¿Qué te parece empezar ahora mismo a lograr juntos vuestros objetivos?"

Recuerda que el embudo de relación no es un proceso lineal y el cliente potencial puede contactar contigo en cualquiera de estas etapas. Lo importante es mantener una comunicación clara y objetiva, enfocada a las necesidades del cliente, y trabajar para ganarse su confianza en el tiempo.

Creando una propuesta comercial

imposible de ignorar

Una propuesta comercial es fundamental para conseguir nuevos negocios y cerrar contratos.

Te presentaré una estructura infalible para ayudarte a crear una propuesta comercial exitosa:

Conozca al cliente: Antes de preparar una propuesta, es importante comprender las necesidades y expectativas de su cliente potencial.

Investigue un poco sobre la empresa y la persona con la que se comunicará. Esto te ayudará a personalizar la propuesta y aumentar las posibilidades de éxito.

Define los objetivos: Es importante tener claro lo que tu propuesta quiere lograr. Define los objetivos que esperas alcanzar con tu cliente potencial, como aumentar las ventas, reducir costes o mejorar el rendimiento.

Ofrecer soluciones específicas: En la propuesta, resalta las soluciones que puedes ofrecer para solucionar los problemas del cliente. Sea claro y objetivo al presentar las ventajas y beneficios de su oferta.

Presente las diferencias: Es importante resaltar las diferencias entre su empresa y sus competidores. Muestre qué hace que su empresa sea única y qué ventaja aportará esto al cliente.

Define el valor: En la propuesta presenta el valor del servicio o producto que ofreces y justifica el precio. Muestre cómo su oferta es una buena inversión para el cliente.

Muestre credibilidad: presente las historias de éxito de su empresa y testimonios de clientes satisfechos. Esto ayudará a aumentar la credibilidad de su propuesta y la confianza del cliente.

Incluye un llamado a la acción: Finalmente, incluye un llamado a la acción en la propuesta, invitando al cliente a cerrar un trato o ponerse en contacto para obtener más información.

Recuerda que una propuesta comercial bien elaborada puede marcar la diferencia entre cerrar un contrato o no. Dedica tiempo y esfuerzo a crear una propuesta personalizada y eficiente para tu cliente ideal.

Conclusión

A lo largo de este material, aprendió varias estrategias para encontrar y conquistar a su cliente ideal.

Mediante el uso de preguntas psicográficas, hashtags en las redes sociales, guiones de enfoque y embudos de relaciones, le resultará más fácil identificar las necesidades y expectativas de su público objetivo.

Sabemos que encontrar el cliente de tus sueños puede ser un desafío, pero con las técnicas presentadas en este material tendrás las herramientas necesarias para destacar en el mercado y ganar los clientes más valiosos.

Recuerda que, además de aplicar estas estrategias, es importante tener perseverancia y creatividad a la hora de acercarte a los clientes potenciales.

La práctica constante y el análisis de los resultados obtenidos te ayudarán a mejorar tus habilidades de venta y convertirte en un profesional cada vez más exitoso.

Aprovecha todos los conocimientos adquiridos y ponlos en práctica lo más rápido posible.

Estamos seguros de que logrará sus objetivos y obtendrá la libertad y confianza necesarias para acercarse a los clientes más valiosos del mercado.

¡Éxito!